Mou Her Name

Also available from Evertype

Ahlice's Aveenturs in Wunderlaant,
Alice in Border Scots, tr. Cameron Halfpenny 2015

Alice's Mishanters in e Land o Farlies,
Alice in Caithness Scots, tr. Catherine Byrne 2014

Alice's Adventirs in Wunnerlaun,
Alice in Glaswegian Scots, tr. Thomas Clark, 2014

Ailice's Anters in Ferlielann,
Alice in North-East Scots (Doric), tr. Derrick McClure, 2012

Alice's Adventirs in Wonderlaand,
Alice in Shetland Scots, tr. Laureen Johnson, 2012

Ailice's Àventurs in Wunnerland,
Alice in Southeast Central Scots, tr. Sandy Fleemin, 2011

Ailis's Anterins i the Laun o Ferlies,
Alice in Synthetic Scots, tr. Andrew McCallum, 2013

Alice's Carrànts in Wunnerlan,
Alice in Ulster Scots, tr. Anne Morrison-Smyth, 2013

Alison's Jants in Ferlieland,
Alice in West-Central Scots, tr. James Andrew Begg, 2014

Fluttering their way into my head: An exploration of Haiku for young people.
Gabriel Rosenstock, tr. Mícheál Ó hAodha, illus. Mathew Staunton, 2014

The Naked Octopus: Erotic haiku in English with Japanese translations
Gabriel Rosenstock, tr. Mariko Sumikura, illus. Mathew Staunton, 2013.

My Head is Missing: A Kerry Detective Story
Gabriel Rosenstock, 2016

The Partisan and other stories, Gabriel Rosenstock,
tr. Gabriel Rosenstock & Mícheál Ó hAodha, illus. Mathew Staunton. 2014.

Mou Her Name

Gabriel Rosenstock

Pit ower intil Scots bi
John McDonald

evertype
2018

Set furth bi/*Published by* Evertype, 19A Corso Street, Dundee, DD2 1DR, Scotland.
www.evertype.com.

Furst scrievit in Suddron in/*First published in English in* 2009 as *Uttering Her Name* by
Salmon Poetry, Cliffs of Moher, ISBN 978-1-907056-19-2

Screed/*Text* © 2009 Gabriel Rosenstock.
Scots owersettin/*Scots translation* © 2018 John McDonald.
This edeetion/*This edition* © 2018 Michael Everson.

A register o this beuk can be haed frae the British Líbrar.
A catalogue record for this book is available from the British Library.

ISBN-10 1-78201-205-2
ISBN-13 978-1-78201-205-4

Típ-set in Bembo bi Michael Everson.
Typeset in Bembo by Michael Everson.

Design an kiver design/*Design and cover design*: Siobhán Hutson.

Kiver photy/*Cover photograph* ©2009 Ron Rosenstock.

Prentit bi/*Printed by* LightningSource.

iv

1

Dar Óma
    whit garred thaim claa awa?
      whit lenths did they traivel?
        the lift wis fou o faw'n sterns...
          licht's fair taen up wi Ye—
            suin the heivens'll be scabbit

2

Dar Óma
yestreen
A gaed reengin
fir Ye
an fund Ye
a'whaur
parteeclar
i the flicht o swallaes
                coontless
i the derk err
as though they ettled
tae waff the deein sin
tae lowe

3

Dar Óma
leuk at this fou fruit
faw'n fir Ye ilka time
unawaurs

this tree
its brainches Yer ain
seepin sap
     its ruits

its fume Yours

crottle claps tae bark
     haud me

deep deep doun Ye're aye thair
bidein ma flourishin in Ye

kirtana o croonin leaves

4

Dar Óma
haudin Yer eemage afore me
on a screen
eikin percentages
gin Ye murl
lik sum foryatten galaxy
cryin Ye tae retour
a wunnin back
a lissance frae menseless naethinness

A ken sterns'r born
anely tae dee
we glisk the licht
o the heivenly boadies
langsyne gane

this A ken:
Yer licht sheens in me
the universe hauds nae grue

5

Dar Óma
Ye're no o ma time
we dinnae sowp thegither
dover thegither
rise thegither

A rise threy hunner year airlie
mak tost i the mids o the nicht
smuirit in hinnie

the muin'll gove in the winnock
wunnerin

oot on the causey
a toon tod
scroongin

his bunt refleckin
daw's furst licht

6

Dar Óma
we stravaig the rods thegither
i the wast o Ireland
Atlantic thouchts droon oot oor fuitfaw

an otter
gaups at us frae the watter
as though we wur human

Ye lou the fume o peat reek
incensin yowe powes

cluds borrae sets
frae dwynin Erse screeds

A gaither foryatten fuscia
threid it in Yer herr

maisic waffs frae a howff
mistraucht tin fussles

a craw lichts ackwartly
on towsie thack

A knidge Yer unvisible haun

7

Dar Óma
A cam a nicht-watchie fir Ye
waukent oors on en
een glimmerin

aince A near dovert ower
sensin Ye A cam tae
gowlie i the keekin gless
Tibetan mask

gin A keep this up
they'll shairly mense me
wi a gowd neep

moutent doon
thrawn
hung roon Yer craig

8

Dar Óma
A wis a gangrel
Ye flung me a smile

A ran
deleerit
hyne awa

syne, forfochen
hungert
A hunkert doon

nou fowk doss doon clinkers

A thraw thaim back

aw A ivver ettled fir
wis Yer smile

9

Dar Óma
A cam a tinkie fiddler fir Ye
A fiddled aw day
an throuch the sauch-patternt nicht
tuins langsyne foryatten
o bainishment an greenin
ma baird cam rosin-fite
A foryat tae sowp
a shewster cowpt in fent at the sicht o me

A skelpit polkas
mairches slaw errs
himes A doodilt as though they wur jeegs

wolves fleetit doon frae the braes
an dafft wi the bairns

A doodilt tae the muin an sterns
tae the wund an weet A doodilt
an the deid lowpt frae thair mools
daunced and oxtert

10

Dar Óma
oot o eildit chirrie-wuid
A whittilt a wund-herp
an set it faur
frae the een
an lugs o onie chiel
a gled taks tent o't

nae fingers tig
its nesh strings
it's the tirl
that souchs the tuin
tirl o mornin
tirl o nicht
tozie tirl frae the Sooth

throuchoot the day
it croons bit You

wordlessly
wi'oot cruiken a finger

nivver the samen tuin

11

Dar Óma
a day athoot thae syllabs
isnae a day
tongue-tackit gloamin
      haar takkin the braes
      in a luveless oxter
an wull geese
wadgin northart
nae sterns tae airt thaim

12

Dar Óma
A want tae sculpt Ye

no in peasie whin
Ye're no that dour

nor in merble
Ye're no that cauld

in limestane
tae sook Yer tears

tae hain Ye frae skaith
A'll cloor juist yin meenit
ilka day

weirin a blinfauld
tae hain Yer blateness

13

Dar Óma
A hae scrievit Ye a symphony
Ye sid hearken tae't
aiblins Ye nivver wull
the orchestrae's
vexin me sairly

the chiel on the triangle
mynds me
dourly
there're anely threy sides
tae a triangle

the furst fiddler skirls
"ye hae spatrils here
that dinnae exeest!"

reid nebbed A stoiter
"dae the best ye can..."

"whit dae ye mean saftly?"
murns the cymbalist
"cymbals slash an that's that!"

fegs, A dinnae ken
A doot it'll nivver be hearkent tae
onless A dae the hail thing on ma ain

14

Dar Óma
A cum chappin at Yer door
A'm here tae chack the

mummle oniethin

Ye lat me intil

wull ye be lang? Ye speir

fir aye
A mummle aneath ma braith
an stert proggin wa's
wi a stethyscope

Yer een growe lairge
whit's gaein on
Ye speir doucely
in a vice that'll nivver dee

A souch blethers: fankilt vices
in wa's
incaains i the mids o the nicht
foryatten sangs frae langsyne

A can hear sumthin, A threip,
a papinjay, aiblins,
bit Ye're a'ready on the phone

the polis arnae aw that bad
they lea me tae hearken tae the jyle's wa's
an smirk whan A scrift alood
        the sonnets o the dazent

15

Dar Óma
A bocht a twa year auld cuddie
an cried it efter Ye

a tellt the jockey: at the stert
"gin she's kittlie, lowp aff
dicht'r craig wi douce girss
threip tae'r
fusper tae'r
—dinnae get glaur
on they rose-fite silks—
rin'r on the ootside
awa frae the skellochin crood

muive cannily
liltinlie
be yin wi'r

nivver
shaw'r the whup
an whan she bears the gree
bi hauf the track
reward'r
wi this lump o succar"

efter, i the nicherin daurk
A'll wesh Ye an gruim Ye
i the stable

16

Dar Óma
A wis liggin in bed
a moch cam jinkin throuch
the apen winnock
an crowlt doun ma skin
A cudnae muive

Yer licht
hud brocht it in

17

Dar Óma
there's nae wuidpeckers in Ireland
(as faur's A ken)
aw tae hear yin nou
knap-knap-knappin on a tree
as we chap Yer meesterie

herns we hae, o coorse,
gray sadhus
maisters in yoga
staunin on yin sham
naethin gets by thaim

18

Dar Óma
fin Yersel
a crofter
tae pit maet an drink
on Yer buird
breid tae sounder Yer bouk
watter tae slocken Yer drouth
biddy tae licht Yer ee

ma breid's no fir intak
ma watter's a wine
nivver meant fir lips

let'm faither a son
the bairn'll hae ma name
A pree Yer mulk on ma tung

19

Dar Óma
A drameit
A'd been tae the ens o the yirth
no tae reenge fir Ye
tae miss Ye
airmed wi talismans
A scrievit a circle wi fite cauk
a bield agin Yer smile
a circle inby wi reid cauk
agin Yer mou
A slabbered in tint leids
the err wis great
wi cabalistic formulae
then A heard a croonin
shape-shiftin
A cam fuskered rottan
Ye leukit awa
whan Ye leukit back
A wis hoolet
gaein doon on rottan
then A flichtert
fir a day an nicht
syne a cam tae a derk place
an e'en derker time
yon time an place
afore we trystit

20

Dar Óma
eenins derken airlier
whaur's Yer licht?
a mirkie boorach o clud
a forder pairty—
lowse oot on the suburbs
an unchancie thrang
arras o weet wull faw
histit bi the wund
sumwhaur a caunle's bein lit
tae a saunt
whae micht hae nivver existed
clatter an clype
a fowkloric mell o howp
an hallucination in time o pest

whae nou
an whaur
are the seekers o licht

    bleck weet

21

Dar Óma
the gray willie
hysts partan efter partan
syne
draps thaim
on craigs ablow
until its shair the shalls'r smattered

the maet devoort
wi nae orras

Ye tak me heicher
cleukin err
A foryet ma weird
snuilin tae Yer hunger

22

Dar Óma
nou
here
this meenit
A cannae get narrer tae Ye
or farder awa

the muckle norlan loon kens
tae keep the samen lenth
atween himsel an the burdwatcher

hae Ye the muckle norlan loon in Yer bluid

23

Dar Óma
whan naebody's leukin
A gae snorklin in puddock dubs
mervelin at coontless reddins

waffin bunts
past aw sinderin
afore the meeracle o trams

thegither we ventur on tae lan
far seen yogic flee'rs

refleckit in Yer een
a warl o treen
howes muntains
risin fawin

whiles fair quate

24

Dar Óma
snake unwindin
frae a lichtnin-blootert tree
A glisked Ye
why shid A tak flicht
A'm a'ready deep i Yer een
cum
tak aw o me
lat me pit tae Yer haund
here's ma heid stieve i Yer chowks
dinnae yaise Yer gams
tae stound me
lat me live
this daith in Ye nou
inch bi slaw inch

25

Dar Óma
monie goads
an heicher beins wur oxterin
readers ower ma shouther
bidein tae hear
the neist moothins
ilk yin in's ain wey
promptin me
helpin me tae fin
a wey in wi wurd
or a liltin wey in tae Yer hert
it wis a richt Babel A can tell Ye

at the hinner-en
A bainisht thaim tae lanely tooers
on heich

cannie an gaithert in quate
wi yin finger
A typit oot Yer name

26

Dar Óma
A cam a hird fir Ye
reengin fir oor tint gaits
whaur can they be?
times A jalouse A glisk thaim
bit naw, its anely crottle-spreckelt clints
chiels hae been croonin
sic desperate sangs fir centuries

ma hirdin's an auld airt
awmaist foryatten

A cannae dae't on ma ain

Ye maun cum

lat's jyne oor skeels
herk an tak tent
A moot, "naw, Dar Óma
yon's a whaup Ye hear"

later Ye cry
"leuk! huif-prents o a gait!"

Ye rin aheid
the sin, low on the easin
streens tae straik Yer cuits
yin hinmaist time—
am A huntin gaits?

we rejoice

whan we fin the hird
we mulk the fite nanny thegither
in banefire licht
we daff shiftin atween tits
mulk i the pail
sloosh o fite lauchter

Dar Óma
efter years o upbring
gaein frae maister tae maister
braith excerceeses
tentie o mait
haudin wide o hooers an the drappie
A hae at lang lenth qualifeed
as a basso profondo fir Ye

yestreen wis ma stert
a threipit the *Dar Óma Lieder*
lik sum gyte nichtingale

the owdience shooert me wi flooers
A flung thaim back
"quate!" A skirled
(A cud feel Ye i the lown)
"thae flooers'r fir Her! fir Her!
She whae wrocht ma vice

grab yer cammocks! yer bleckthorns!
tak yer bobs an posies
on pilgrimage to Her
set rose garlands roon Her craig
an at Her feet
She's the springheid o yer raverie
She it is croons throuch me
doititly, tuinfully,
the sang o the selkie in'ts bourie
whan tides are fou"

28

Dar Óma
thare's a caunle brennin
its fite bouk dwinin

are Ye the lowe
are Ye the bouk

maun we baith brenn doon
towarts yon hinmaist splooter
gien oor lives
tae that whilk sooks nae err
efter we're gane

a caunle brenns
its fite bouk dwinin

29

Dar Óma
A hae trystit a greetin eemage o Ye
an hanselt it tae oor cathedral
thare're hearins o meericales
the blin see
the deif hear
the lamiter traivel agane
an maist o aw
thae in whae the rose o luve
hid gizzent
nou greit wi Ye

30

Dar Óma
A cam an archaeologist
an fund Ye
in fossils
rummle cleidit in binweed
kaims   flinders   banes

an auld abbey
whaur makars ligg yirdit
aye dramein o Ye
thair poems gien a deafie
in a deein leid
sprootin aw ower the grunds
sootherin docken
reekin hellebore
nippie nettle
dug-rose

31

Dar Óma
the rooster
he keckilt airlie
frae's midden
spreedin Yer bonnieness
athort knowe an howe

hou sicker he stauns
airchin's craig
the reidness
o's dirlin kaim
i the brekkin daw

32

Dar Óma
A create seelences
whaurivver A gae
in seelence Ye cum tae me
A steek ma een an lugs
tae warls
ma lips

gin fowk wint airtin
A pynt tae the gibbous muin
gin they speir ma weelness
A smile the boo o an eclipse

gin they speir the time
they'll glisk in ma een
it's Dar Óma time
tae incaa
tae ruise

aw creation's
gitten in tune
beasties fleet quately
muivement
bit nae reeshle frae treen
A cannae hear ma hertbeat

in a faur land
Ye muive quately

sinlicht cannily straiks the ben's pookit neb
a maukin cock's lugs
Ye hearken

33

Dar Óma
A fassont a goon fir Ye
wrocht o fush-skin
its scales glister
whan Ye traik amang the sterns

sterns thirsels wunner
at this refleckit licht
whit spleet-new galaxy's this
that ootsheens us?

trauchelt sterns
hae juist jaloused
thair licht's no aybydand
fling aff yer duddies!
hap Yer bouk in aise
an bring easement tae thaim
i thair muckle dool

34

Dar Óma
A'll ne'er foryet the yorlins
A seen as a bairn
peerie chooks cooried in a stane wa
sica stramash frae thair craigs
sae hungert
nearhaun wis a derk proddie kirk
taboo tae gae intil
Goad kythed yon day in yalla
the colour A see Ye in nou
stour o yalla gowans
pinkie glisk
Ye're the yorlin
happit in foggie stane wa
we see ilk ither
frae unalik warls
fir the furst time

35

Dar Óma
A'm sennin Ye a tongue-tackit bleckie
wi sonnets o the bleckness o the warl
weir
stervation
daith o howp
straik his fedders
cuittle'm tae leuk in Yer een
ligg a finger
on his yalla neb
that he'll croon agane
that A micht hear Yer name aince mair

36

Dar Óma
follaein auncient staps
Five Picks o Rice
A cam a Daoist
an liggit wi a hunner limmers
at nae time did Yer neb
saunt frae sicht
nor wis Yer quait smattert
bi doo-manes or whaul-braiths
ne'er wis onie name on ma lips
bit Yours
nae airms bit You oxtert me

37

Dar Óma
ootcumin frae Yer quate
Yer tammie-nid-nod
whit chyce dae A hae
bit tae flee back tae Ye

that whilk tigs Yer chaft nou: me
that whilk gaes in
an oot o Yer winnock:
me

A'm thair
on Yer pillae
at nicht
A prog Yer dramein
an non-dramein state
A'm the mornin
wutnessin
Yer breers
as they apen

38

Dar Óma
ready Yersel tae steik this beuk a whilie
an lea't on the buird
neist the flooers
as A ploy some ither airt tae Yer bein

the rod this while's been lang
yit anely seemed tae lest a day
pairt o the nicht

Ye wir ma steek o hissel
ma guide, ma cummer
it wis sair no seein Ye
sair seein Ye
A'll read up thair lives: reengers
adventurers
eemitate thair smeddum an pawkerie
forenent blowsters,keppers,
drouth, doonpoor,
unkent kintras
the kennin yin's tint

A'll gae tae sea as a Bedouin

39

Dar Óma
A gaed tae the General Post Office
"may A see the heid bummer" A speirt
oot he cam, makkin ceremony o't.
"Ye the heid yin?"
"Jaláluddin Rumi, at yer service, sir"
"tak tent o this, Mr Rumi,
cud ye sen me speeshul deleeverie
richt nou tae Mcntivedeo?"
"oot the windie
ye're ower creesh!
oniewey, post in Uruguy
sumhin terrel
ye micht get tint... or pincht"
A grat an grat

he teuk peety on me
an birlt
Ye shid a seen yon Dervish daunce

monie oors on
he cam oot o's dwam:
"gae tae Ephasus" he said
"thair ye fin a cave
syne dover ower fir 187 year..."
that's whaur I am nou
in awfy sloom

40

Dar Óma
A gaed tae ma braw doacter
scriever o *Addiction Replacement Therapy*
he pit me on heroin
an teuk tent o ma oncome
"dae ye ettle fir Her
mair nor ye ettle fir the drog?"
a noddit, wycelik

he pit me on LSD
"whit dae ye see?"
"bleezin yalla hairst muins
gaein roon yin an ither
thair leams are paycock fedders
shooerin on craw-aipple treen
i the Isle o the Blissit
a gizzent preein"
"ye dinnae see Her at aw?"
"whae else am A descriving?"
the doacter's bumbazed
the universe's bumbazed

41

Dar Óma
slawly lik Venice
A'm slumpin
in Yer bonnieness

Yer grace
laipin at ma door-cheek

whan wull A droon
i the bricht sea-gust o Yer smile

42

Dar Óma
the nicht juist yin—
yin swallae i the violet lift
is't settin efter baisties?
tint feres?
bi'ts cantraips
naither—
back an fore
amang the easins
in ivver-decreasin arcs
settin efter an fleein'ts ain scronach

43

Dar Óma
the undeemous green
in treen, in bussie pairts,
shaws me
Yer no hertless
      tae ma feemit mind

majestic, gallus Yin
Ye need me tae watter Ye
     wi syllabs

wurds poor on Ye
slockenin Yer ruits
    an mine

44

Dar Óma
leuk at oor forebeirs
bleck an fite photies
o ambeetion, howp
semple dacency
amang thaim ma mither
the anely yin amang the bairns
weirin a carket
lik waffs
frae Fatima or Knock
bidein sum eldritch kythin

A'm ma mither's bairn
ma hauns bi ma side
bidein fir Ye tae kythe

45

Dar Óma
a muckle daud o clud
pinkish frae ceetie lichts
slawly muivin athort
the lift
fissured in unfaddomed derkness
as though the daw o an ice-age
A thoucht no o Yer bonnieness
A trummelt at Yer micht
Yer pooer throuch the aeons
hou eithlie Ye cud champ me
i the blent o an ee

46

Dar Óma
settin awa agane reengin fir Ye
ma boatie floonders in Transylvania
hou fickle is't tae muive
frae You tae you
        back agane
randie cuddies o the wull
kaim as yin
bit thair'r idle circus fowk here
whae hecht tae learn me
simmersettin
jooglin
raipwalkin
aw the skeels that dae a turn tae ken Ye
an enterteen Ye
cum tak tent o me souchin a lowe
the verra lowe o Yer bein

47

Dar Óma
the day ma hert is stane

a stane on the strand
Ye yince stravaigit
langsyne

a suddent lew
howe o the fuit

myndit mair clair
nor lift
  tide

dander, lown Yin
dander this strand aince mair

48

Dar Óma
whit wey wis the veil scriven
whit wey did a nivver glisk Yer neb
whit wuidness
does ma ettle haud

A bleed i ma core

it least a stigmatist
hus dunts tae shaw

derk Yin, swith nou,
sen vultures

49

Dar Óma
wuid dug
bowf sumwhaur else
i the netherwarl
wi Cerberus
batter Yer gurlie een
tae sum ither

ganshin teeth
birslin fur
flech-champit lugs cockit
scawt tike o a tratour
mae Ye nivver be breem

Beluved, whae is't that blethers?
a dybbuk's taen ludgin in ma sowl

50

Dar Óma
misbelievable
the grace shooert on me
in ma derkest oor
A didnae ken up frae doon

wir grace tae faw
it wid dunt on steekit winnocks

in doitit kirstals it cam
Yer disembodied luve

A nae langer girn
fir Yer tig

a tree o luve's growein
A hunker in'ts scug

the nicht croons
ghazals tae the troon muin

51

Dar Óma
A hae wrocht a bletherin rosary
whan a bead's thoomit
it mou's Yer name
trysts'r cumin in
frae aw airts, airts A ken nocht o
Athenians liefer it tae thair wirry beads
Ye inspire sic ingine
      productivity   guid wull
a'ready a free tryst's on'ts wey
tae Ulan Bator
an ither snawed-in pairts
needfu o Yer wairmth

52

Dar Óma
as A vizzy
a gowdfush
suddent it's You
sic is the alchemy
o a bleenk
Ye rist
skimmerin, smitten
hou purifee'd
the watters hae cum
hou lown

Ye soom in siller

53

Dar Óma
lat me fund Ye in a meedie
in a wersh yerb
we ett as bairns
soor sally we criec it
fin Ye in semple days
whan chookies reenged lowse
scartin the yirth

frae ellerberries A chirtit ink
jalousin poems
aw dedicatit tae Ye

A furst fund Ye
in a chookie's egg
roon   wairm

A thocht alood:
the warl cud be lik this
as it is nou

Clud Wumman   wis thair ivver a time
A didnae hear Ye
makkin a hecht tae retour
Starn Wumman invokit a meellion times
Lang Girss Wumman wur Ye no ayewis praisent
whan A dafft an hid frae faes
Yirth Wumman that apens up whan A'm gane

54

Dar Óma
poplars staunin
stieve tae attention
linin the rod
mile efter mile efter mile
aiger
brawly turnt oot
Yer ain gaird o honour

kythe nou
afore yin bi yin
they cowp i the hait

55

Dar Óma
a barefuit tinker laddie
wi's ootstreekit haun
threips's cadgin mantra
saftly
tae the err
tae You

56

Dar Óma
scug-gien vines
thair grapes mair peerie
nor the yins i the sin

A slawly cam drap-ripe
i Yer sheddae

coontless clusters o me
wrocht in Yer cuilness

quately hingin in mid err

57

Dar Óma
bourachin frae a nearhaun canteen
graithin tae maet an airmy

lat me mairch fir Ye
medals glisterin i the Transylvanian sin

up an doon A mairch
scryin Yer scowth

A'll fend Ye aye
agin wesps
the deil's noddy-cuddie
scorpions

a yin-chiel airmy
tak tent: a win forrit
syne tak leg

tak leg
syne win forrit
aw day lang

the nicht
i the barracks
alane

A'll ploy new airts
tactics o ecstasy

the morn Ye'll wesh ma dunts
i the saut baths o Ocna

58

Dar Óma
heich i the bonnet firs
craws preen thirsels fir Ye

jalousin thirsels crooners
they reeze Yer name

fleein wi the grace o ither burds
inweys cheengit

thair coorse nests
smeethed tae a bonnier set

croupitness lang gane
hinny thair caw

59

Dar Óma
tentie o a troupe ɔ birlin dervishes
frae Damascus
yin bairnlik callant
    a birlin puddock stuil

whit wid oor maister
Mawlana say
        puddock stuils
        lowp up owernicht
        fesst up bi shairn
sumthin lik that?

A want tae scrieve
puddock stuil metres fir Ye
diction that lowps
frae ma ain mankit
wurds fite
          birlin

             an lown

60

Dar Óma
in a Transylvanian mud-bath
A hap masel in bleck
iley sype
Ganesh smiles
glaur lappers i the sin
an elephant gray

A hyst Ye wi ma tusks
lik a log faur i the wuid

aw ma byganes
spreid oot
liggin scabbit

A stramp on thaim
whit else tae dae

cannily A let Ye doon
Ye staun
whaur naebodie's stuid afore

the ivory quate
as Ye lean

61

Dar Óma
the museum o pentit gless in Sibiel
eemages o the Wine-Christ
yin o monie vines that jynes us
tae oor meesterie

thare'r heidstanes
sum cowpin dowlie or humoursome
an aipple tree
beseiks me tae pree o Yer flesh

ootside pensefu geese
bidein tae flist

A fling thaim the core o ma bein
they skelter efter You

62

Dar Óma
A wrocht a fawmous yowe's mulk
kebbock fir Ye
they traivelt faur an near
tae see't
they cam frae Daia
bien in plooms
frae Siura Mica o peerie ruifs
Constanta on the bleck sea
deevilocks—*strigoi*—
ettled tae pauchle it
A threipit Yer name
they skailt lik stuckies

63

Dar Óma
the faur aff clip-clop
o cuddies' huives
reengs oot as applause
roond the braes o Daia
slichtly fou on ploom brandy
the lang eenin
streeks oot tae You

a stray dug glisks at me
tomataes fit tae birst

A've been ower lang i the sin

wull flooers
penny caunles'll
brenn at Yer altar
whan nicht
the gangrel wi's knapseck
danders doon frae the braes

64

Dar Óma
twa storks in Harman
scancin the local scene
carles an carlines
thrang i the kirk
makkin ready
fir the Feast o the Assumption
vestments laid oot
tae tak sin an err
wuid, gless an munts
sheenin
aneath the stieve gove o Michael an Gabriel

hedges scutchit
leaves an browls gaithered
fir brennin
the clachan deid stoondin tae gie a haun

frae thair auncient observatory
twa storks
owerseein meeracles

65

Dar Óma
A hirpilt tae Frasinei
fir an exorcism
A shiftit frae basso profondo
tae falsetto
i the shak o a deil's bunt
ma bogles wur monie
the wey tae win oot traffic-jammed
hauf o Ye wis aye in me
A yerkit
ma een rowed

on the third nicht
ma tung drapt oot on ma chin
syne the rist o Ye poored oot
lik *The Wind that Shakes the Barley*
rin backarts on a concertina
sweet rins frae the priests
ludges i thair bairds
chyngin tae eeshogels
whan A speir fir ma neist appintment

66

Dar Óma
A cud lave ahint
the warl o men
bit no o craws
A cannae mind a time
no bein o the craw nation

the wey they flee alane
an gaither
thair quate
a disused well

yondermaist
nearhaun—
that's me,
the yin that's left ahint

braisant i the mornin
they tak ower the eenins
pentin thair sheddaes on ruifs

they dern
practeese flingin thair vyce
expose bunt fedders
say "A'm here"

a ettle no tae eariwig
on thair chief collogues
bit am sookit in

Craw—Ye see—
slogan, lullaby, coronach,
sleekit weys wi gremmar, nuance,
Craw's ma furst leid

67

Dar Óma
on pilgrimage tae the monastery o Simbata de Sus
fir the Feast of the Assumption

the amputatit
an tasht in spreit
Orthodox nuns quate as slaes
bairded monks
Methusalahs haudin ilk ither up

scartin on onethin handy
names o supplicants
the leevin, the depairted,
the undeid

choral hime-croonin mellin
wi skellochin barra-boys

icons pree'd
ower an ower agane

Yer mou maun be gizzent

68

Dar Óma
gin A hid a bawdrons
it wid hae the name:
sheddae
skookin the muintrampit gairden

Egyptians shaved aff thair ee-broos
murnin thair bawdrons

Ye skook awa
cum back tae me
lowpin
in catwittit luve
scartin me in auncient feem

hearin Ye thrum
atween stanzas
as A read tae Ye
i the smaa oors

seet fawin doon the lum
wi Yer hail bouk Ye leuk
takkin tent

69

Dar Óma
A've been practeesin *Tiān shū*
celestal scrievin
since airlie daw
cloody, greetie picturs

aw doon the scrol
rhymeless bleck greetin

dour strule
laden wi brock
lang-tint bein

A claucht the wisker aince mair
derker nor moss aik the cluds

ma haun muives swith
scroll efter scroll
yin hunner shades o bleck

70

Dar Óma
A ettled tae cum
a sappie Sufi fir Ye
bit tak tent o me
glaikit Daoist in Christendie
behaud me ackin *Wŭqínxì*
furst a teeger
     then a stag
         neist a bear
             nou a puggie
                hinmaist a burd
fleetin frae yin tae tither
     in Ye
         teeger stalks Ye
            stag gairds Ye
               bear taunts Ye
                  puggie maks Ye smile
                     burd chirms Yer scowth

71

Dar Óma
A'm learnin a magic daunce
kent as *Yǔbù*
furst thocht o
whan burds wur gliskit
tae brak apen chuckies

the staps cam eithlie tae me
aw ma life
A hae been howplessly ettlin
tae git inby a chuckie

A cud hae chowed corn
breidnirls, seeds
as mensefu burds dae
bit naw
A've dashelt ma neb awa

constant pickin at chuckies
dirls throuch ye
turnin the harns tae jeelie

nebless, harnless
wid You hae me in Your cage?

72

Dar Óma
blithe the bluid that croons i Yer veins
wairmin me
blithe the licht i Yer een
airtin the wey
blithe the smile on Yer neb
wrochtin thae himes
blithe the hert
trewin ma wurds'r wivven
as a hammock fir You anely
dover nou
drame

73

Dar Óma
A gaed skiing
reengin fir Ye in snaw
the err wis skleff
A kep ma lips warm
cryin ower an ower Yer name
tae muntains an cleuchs

towart eenin it stertit tae snaw
weill-kent airts moutent

it's aye been this wey

A wis born tae tine ma bearins

A sid nivver ventur oot
ma compass lees tae me

A'll hunker bi a wunter lowe
douce-snowkin wuid Yer fume
lowes Yer ardour
Yer haun kaims throuch
aises o dool

74

Dar Óma
a hae been ordert
tae sinny Montevideo as a spy
Ye'll glisk me in hottle lobbies
oot ower the lugs in the toon squeak
fouin ma cuttie
fusslin tae masel
cryin in at the flooer shop
makkin oot A've a luver
unkent in kirks
museums
a saikless towrist
in licht tweeds
a hertie tipper a'whaur
whill aw the time scartin saicret profiles
o the fowk
thair wanrest
parteeclar Yours
Ye hae been identifeed as a muckle thrait
tae stabeelitie, laa an order
ma meesion is tae pree Yer lips
slippin Ye
a cyanide peel

afore oor lips pairt
Ye'll be in the hereefter
whaur a'll mair nor lik jyne Ye

74

Dar Óma
threip tae me
In Spanish
or in Suddron
A'll owerset wi'oot thinkin
intae Erse
Navajo
Yiddish
A'm a Luftmensch
a speeshalise in err
the wey
forcie frae Yer mou
it maks vowels, consonants, souchs

A want tae leuk till the kwerious ongauns
o Yer tung
slockenin yin wick o Yer mou
nou the neist
preesin forenent Yer teeth
stanced atween Yer teeth
the wey Ye set Yer lips
howe soonds frae Yer thrapple

Yer quate fleeds ma bein
an unnertowe cairries me intae the unkent

sea–monsters
gie birth
in jeelt watters

76

Dar Óma
wur Ye yince Scáthach
warrior queen
mentor tae heroes
fester nor Yer sheddae
Yer airm ruggit back
Yer gove bauld
Yer tairget veesible in baith een
wi a skelloch
that heaves frae deep i Yer wame
Ye lowse the leister
an afore A can blent
beseik Yer mercy, fogieness
ma ribcage's chattert
the tap o Yer leister
het i the crucible that moolt Ye
that hauds Ye

77

Dar Óma
thae hae makkit me yin o the clan
the hinmaist natives o Uruguay
whit mense
tae ser Ye in this wey

A feel 10,000 year auld
an youthie agane
there'll be a muckle spreid—
tapir, puggie, yams—
an Ye're inveetit
A'll pent Yer bouk
wi pattrens frae anither warl
Ye ligg i Yer hammock
aneath the layer c the anaconda
A tak mind-blawin sneesh
reengin Yer hinny sense
veesion efter veesion efter veesion
skirls an hoochs the colour o papinjays
i the forest nicht

78

Dar Óma
nou it maun be duin
i the wilderness
wi'oot Yer licht
refleckit in sautie watters

souchin wunds
wap draigilt corbies
this wey, yon wey
it thair wheem
in purpie mirkness
sprots fusper thegither
naethins
rattons lat lowse on the warl

79

Dar Óma
virgin mither limmer
nou carline
A tryst wi Ye on the rod
dinnae pynt Yer bony finger it me
keep Yer gowl, Yer ill ee
tae Yersel
hap Yersel in Yer shawlie
aff nou on Yer mummpin wey
back tae Yer mochbaw warl
Ye hae naethin tae say tae me
wairm Yer ulcerous shanks
it deein coals
lave me here leukin oot
leukin in
tides ootgaun

80

Dar Óma
A've gane stravaigin fir Ye
i the drauchtit ootback
a'ready beasties hae howkit oot
a didjerido
A stravaig a dramelan
wi Ye bi ma side
a lenthenin sheddae
no a kangaroo in sicht
the gowstie tuimness o Ye
Ye alloo me in
ma peelgrim sowl
Ye've kent an traisurt
lang afore Yer furst braith
bawkies'r oot
nicht's a whurr o weengs

81

Dar Óma
gin Ye wurnae mair nor a ratton
on the treidmull
o ma reevin harns
A wid gie Ye the door
throuch ilka veesible
an unveesible apenin
bit Ye're awhaur in me
somewey A sookit Ye in
A'm oot ower the lugs wi Ye
ingestit Ye
nou A'm deavit

lowe's the anely remede
fir bleck daith
brenn me it the stake

dinnae leuk awa—
yirthly lowes alane
wullnae consume me

82

Dar Óma
A hae cum a toon crier
it midnicht A stert
tae cry Yer name
it's wi delicht
ilka moose an bawdrons bide up
tae hear ma skellet
ma unshoogly vice
In soberin freest
sum fowk jeedge me
frae heichmaist
sum juist cowp
the chantie on me
bit A croon Yer name
an suin they dover ower
in ilk ither's airms or alane
dramein o Ye

A annoonce anither daw

83

Dar Óma
no a speuggie faws tae yirth
aw thing's kent
in licht
an cherisht
lat's ken yin an ither
cherish yin an ither
growe in licht

whit o muckle licht
that sears
an blins?

yince as laddies we teuk a wesp
pit it ablow a magnifeein gless
an—
a'll nivver foryet yon murther
bi licht

forgie me
gin A leuk fir Ye in foggy shade
echaless leaf-strawn peths
turnin ower a stane or log
beasties
aw swither in licht
A'll tak aff wi thaim
rinnin fir ma life

84

Dar Óma
Ye ken
there wur thoosands o ither sangs fir Ye
aw swallaed in a virus
in yon process
whilk teuk less nor a saicont
the virus cam enlichtent
spreidin aw airts an nane

cyberspace
is nou sailin in Yer rosy glowe
an Inuit shaman
juist back frae the muin
tells me oor planet bummles
lik the furst merry dancers

85

Dar Óma
borein in
it the peels Ye set afore me
frae an ingineerin pynt o view
a meelitary pynt o view
A'm aboot gien up
whan A chaunt tae the yin
whae owercomes aw sticks
loodly A croon

Gaṇeśa śaraṇam, śaraṇam Gaṇeśa

A've taen the wrang airt aw alang
stooried Sooth tae Yer wairmth
tiggit wi the Norlan in Yer cuilness
leukit Aist tae Yer dawin
hearkent tae Yer doverin in the deepest wast
in aw thae bampot cantrips
A've been risted an fest-frozent
apenin an steikin ma een
lik a pirr A hae reenged the kent warl
Yer no in onie upstannin pynt
hou cud Ye be
Ye're in the dirlins
o Yer name
ma name
ayebydand echaes o OM

86

Dar Óma
A'm a rowin baba
rowin doon the causey tae Ye
a rowin baba
aw the wey frae Timbuktu
juist cannae help rowin
cannae think whit else tae dae

A'm a rowin baba
rowin doon the causey tae Ye
a rowin baba
A doot A'm feelin blae
juist cannae help rowin
cannae think o aucht else tae dae

A'm a rowin baba
rowin doon the causey tae Ye
a rowin baba
A dinnae really hae a clue
juist cannae help rowin
cannae think o aucht else tae dae

87

Dar Óma
lowpin lik giraffes
athort an apen plain
aw things returnin

naethin slumps
wi the sin ayont the easin
that disnae heize up agane wrocht new
naethin's auld
deid
or foryatten

fir a meenit unawaur o thair camouflage
feinin heich-heichtness
stultit itherwarldliness
giraffes chattle green sappie leaves
in the brichtest o bricht mornins

88

Dar Óma
on hearin its name
A wantit its stound
hud A fund an electrical eel
A wid hae heeld it nar tae me
rummilt intae awaurness
whanivver switherin set in

it the hinneren o ma fiftieth year
Ye kythed lik an eel, a naga
frae the deeps

A birsle lik an oosie baist
shair o'ts en
nivver sae much tae the fore
as in the birr o Yer current
that muives an skews in me aye
cell tae delichtit cell

89

Dar Óma
lik Mira
chauntin aw day lang
jynt it the hip tae yer stookie o Krishna
the bummer gaes aboot its aefauld darg
snowkin Yer fume
in meedie an park
set on proggin douceness

weenged gaitherer o aw that's guid
streek back tae yer gowden byke
mou tae yer brithers an sisters
a hae threy mair syllabs fir thaim tae dirr

90

Dar Óma
they fyle it
whae dinnae ken Ye stramp this yirth
whae dinnae hearken tae Yer thochtie fuitfaw
ahint the skirls o forest lowes
nou aw the creepie-crawlies
o the jungle
as yin mooth
mou Yer name

they fyle it
whae dinnae ken Ye stramp this yirth
whae cannae jalouse ahint skirlin saws
yer suddent insook o braith
nou forebeirs' spreits
thair vices gray as aise
as yin mooth
mou Yer name

91

Dar Óma
fushionless bi hairst
yowes staun
in smirr
thair ket dowie
in dwinin licht

redeem us

mooth Yer name

bide-it-hame burds
bumbazed in brainches
greenins
they cannae faddom

92

Dar Óma
Ye're the raison
A wis born
tae threip Yer ruise

Ye wrocht
the weird
o ma sowl

hemmer me
intae the set
it's cantie tae Yer ee

the lowes rair

Dar Óma
let's hain thae miles
atween us
sea an lan
cuil forest
het desert
tearin watters
impassable muntains
gurlie gullions
aw A lang fir
is Yer grace

bit this A hae
in rowth
fir whit then dae A yearn?
mair?

grace is hail
an indivisible
kens nae boonds
nae sticks

whae is't A rin tae? whae?
whae is't A flee?
whit het forest is this?
whit cuil desert?

rax oot Yer haun
Yer wairm cuil haun
slawly A screed aff Yer luif
reengin fir Yer bygane

94

Dar Óma
leukin ower clearly
it a vause o flooers
suddent A seen Yer skellet
flaish riven aff
a girnin powe

whit wey did A see Ye lik yon?

flooer in daith
daith in flooer

leuk hou cannily
A pree thae faddomless howes
whaur, nocht bit a saicont ago,
Yer een blintert

95

Dar Óma
ma feres the attercaps
thrang wyvein
a veil o slammachs

wull Ye weir't
whanivver A leuk
whilk is aye?

no tae see Yer neb
wid be mair untholable

attercaps, haud sae!
thare's naethin we can dae

96

Dar Óma
A designed a gairden fir Ye
biggit wi ma ain hauns
Ye shid see't
flooers, busses, pethweys, funtains, treen

yin thing byornar
tae lanscape airtists an gairdners
warl wide—
the sae-cried Dar Óma Maze
nae wey tae fin yin's wey oot:
A near did, yince,
an lowped back in agane

Dar Óma
no the slockent drouth
o Bayazid
bit the incaain o the Prophet
ayebydand on ma lips:
mair drouth

lik a dug
ma tung hings oot

doverin or waukent
hou cud it differ

A lick Yer deow
frae girss

yowlin
A wrocht stours o thunner

the err fous
wi Yer weet

lang efter it let be
treen dreip
Yer soond

A hearken tae't
e'en whan no hearkenin

sypin
deeper nor ruits

98

Dar Óma
this mornin A broke the warl record
fir deep-sea dookin

Ye shid hae seen
the yalla, orange an blae draves
ettlin at Yer muivement, quate an delicht

bit A gaed deeper yit
it cam mirker
an uncannie lown
A thocht A wid brust

bit then Ye stanced Yer lips on mine
A cam up, pechin
fir the err that's You

99

Dar Óma
reengin fir Ye in things
lik reengin fir a craik
gowk
or moss cheeper
Ye cud be oniewhaur
A cud rin gyte aw day

A reenge fir Ye
in Yer quate
the quate Ye hae apened fir me
lat me be thare
as lown as aipple flourish
fawin at Yer feet

100

Dar Óma
it the affgo wis Yer name
unutterable
feem sperkit in Ye
hungert fir dimensions
elements
galaxies
saisons

rummlins
airtin tae Babel
sae things leevin or deid
micht bleem in Yer soond
dee in Yer licht
an be reborn

gimme a life
nearhaun Yer meesterie
a salamander
glowerin frae Yer lowes

101

Dar Óma
A'm in some kind o desert
vizzyin pattrens
the sidewinder maks i the saund
A cam here cause Yer presence
hus gart a stramash aw aroon me
bus-drivers foryet thair roads
scaffies stert spreidin
aw airts—scraps o verse—
shops steek thair door's fir nae raison
alarm knocks gaein aff i the mids o nicht
the priest it Mass reads Gibran insteid o the Gospel
a firefechter, awairdit fir bravery's
cam a pyromaniac
weill-kent creeminals teuk up yoga
an ill-hertit heroin-dealer
kent as Cobra
is nou intae *para-bhakti*
an doodles a pipe tae Krishna
a pharmaceutical group lowst aw its fite mappies
a back-street abortionist nou cadges fruit an veg
here in this desert howpin tae see nae signs
a sidewinder's doobled back on'ts steids
hou did it ken hou tae spell Yer name

102

Dar Óma
this bricht nicht o the sowl
herbours nae drames,
ghaists,
nae soonds

streekin firivver
it spells
Yer name
inveesibly
throuchoot the Mulky Wey
threipin Yer name
        frae uncreatit sterns

103

Dar Óma
A wis a Papua New Guinean
weirin a muckle pintle shiel
whan Ye income, a meesionary i the hielants
Ye kythed me a keekin gless
A laucht it masel
Ye laucht tae
takkin me bi the haun
aw the wey frae Genesis
tae the Hinmaist Sipper
syne we et an drunk
afore the Crucifixion

Ye respeckit ma fantoosh fedders
an speirt me, it last
did A want tae cum a Christian
fir You A'd cum oniethin
hingit on a tree atween twa reivers
Ye dookit me in watter
A wis born agane

neist mornin
A kythed Ye the banes o ma dour forebeirs
yin bi yin they tyned no kennin

104

Dar Óma
a fent snowk
o hinniesickle i the dirl

can we scart a line
mou here it devals
cannae gae forder

micht it no pervade the universe
suin tae reach Yer nosethirls?

hinniesickle
flee tae'r nou wi yer douceness

105

Dar Óma
A wis a Prussian offisher
wi weill respeckit fuskers

cast evendoon
mainners exquisite

forby A wis a crackshot
schamer
meelitary historian
an whit not

weill-kent gaitherer o peestols
nae cuddie
nae wumman
A cudnae cuddom

Ye spied on me
Mata Hari-lik
afore A cud knick ma heels
or bou
A wis catchit in Yer corsefire

i the coorse o A kenna
hou monie nichts
(it's a blank)
Ye raxed frae me
ilka saicret A ivver hud
aw bit yin
an a'll mou Ye that
i the quate o oor neist tryst

106

Dar Óma
throuch pooer o thocht alane
A teacht a papinjay
tae threip Yer name
whilk he did brawlie
bit he wis owerheard
bi ma faes
pit on the rack
his reid an yalla fedders
pookit oot
yin
bi
yin
he widnae haud's wheesht
his hinmaist squaik on the widdie
Yer praicious name

107

Dar Óma
apen Yer een
wide
hu
tak tent
hu hu
A'm the wund
It Yer tempel yett
hu hu hu
a tint swan
hu hu hu hu
kythes frae meditation
hu hu hu hu hu
dicht heivenlie sloom frae Yer een
hu hu hu hu hu hu
wauken
gie lug tae the hinmaist braith
o Yer gowlin Dervish
hu

108

Dar Óma
wunds croon the undevaulin langour o Yer limms
canyons'r forfochen o wallochin
Yer name i the nicht
tae ghaists whae cum an gae
seekin Yer lips
tae nae avail

109

Dar Óma
the sin is in Yer een

naw, hou can thaʒ be
whan You, alane, are the sin

whit craturs dae Ye no wairm
whan a, laichmaist o fowk,
live anely throuch Yer licht?

the sin is in Yer een

naw, yon celestial bodie
hus five thoosand mullion year tae go—
a glent—"a coo's ʒraith in wunter"

Your bouk houivʒer...

110

Dar Óma
Yer trickster, Yer coyote
is cried awa
tae Yer gowstieness
an evaporation
faur oot it sea
ayont cluds
ayont sterns
naethin surpreeses me

on yirth hae A no kent
wull streetches o eternity
cannily steekit
bi ee'breers

lowse heiven
fir the lanely
the tongue-tackit

am A bein swallaed
or am A the swallaer
a diamond-back rattler

lowse heiven
fir the jee'd
fir creeminals
sages
the baist i the perk
the makar whae dared
mou Yer name

Epilogue

i

whan A hud a tung
A named Ye:
    Ye gied me anither tung

whan A hud twa een
A seen Ye in a thoosand veesions:
Ye apened ma thrid ee

whan A hud lugs
A hearkent tae Yer thoosand names:
nou thare're nane

hou guid it is Yer a'whaur
an naewhaur

it last, it last
A'm gaein naewhaur
    wi You bi ma side

ii

thare's nae name fir Ye nou
nor onie furm
in the nou Ye are
whilk husnae yit been nameit
nivver agane wull A name Ye
am A no the nameless yin an aw?

Index o Second Lines